AF316903

PARIS EN DEUIL

Et nunc, cives, intelligite.

PARIS

EN VENTE CHEZ TOUS LES LIBRAIRES

1871

PARIS EN DEUIL

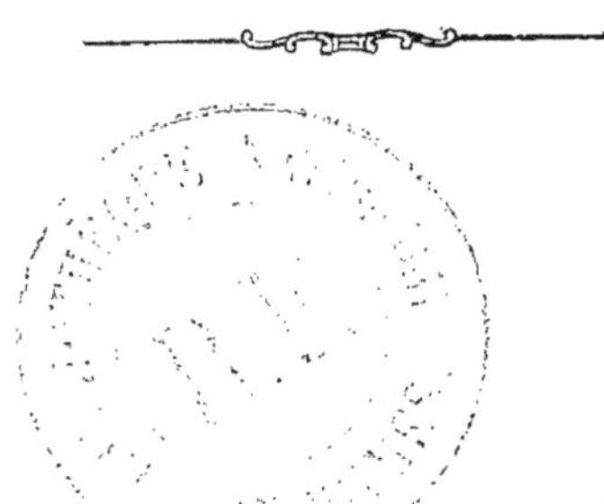

La France brutalement foulée aux pieds par l'étranger ; la France, cette mère à qui venaient d'être arrachés violemment ceux de ces enfants qui lui étaient les plus dévoués, songeait à panser ses plaies, que la paix seule pouvait cicatriser.

Le dévouement de tous était le baume nécessaire à la guérison de ses blessures, et voilà que tout à coup elle ressent de nouveaux déchirements; ses entrailles s'ouvrent et des hordes comme aucun siècle n'en avait encore produit apparaissent au jour.

Ces hommes que le mystère et la nuit enveloppent en temps ordinaire et qui ne se montrent qu'à l'heure du crime, ces êtres, produit des nausées de la civilisation et que le vice nourrit, se déclarent les maîtres, et Paris, centre vers lequel convergent tous les regards, devient leur proie !

La ville de l'intelligence, la capitale du bon goût voit monter jusqu'à elle l'écume de toutes les nations ; ce qu'elle renferme d'honnête s'éloigne avec dégoût, et, pour me servir des paroles du poëte, abandonnée à

Ces enfants qu'en son sein elle n'a point portés,

elle voit se dresser de tous côtés, sous les coups de la pioche et du marteau destructeur, des obstacles qui semblent devoir défier toutes les forces humaines.

Ses grandes voies sont coupées ; ses palais sont pillés ; ses églises profanées deviennent le rendez-vous des femmes perdues; ses prêtres sont emprisonnés, et bientôt la voix tonnante du canon fait entendre à la France le glas de la société!......

Cette première salve, à laquelle répondent les forts surpris de se voir attaqués du côté d'où, pendant quatre mois d'héroïque lutte, leur est venu le secours, est la salve annonçant que Paris prend le deuil !

Arrestations arbitraires, loi des suspects, meurtre des otages domination de la paresse sur le travail, du vol sur la propriété apothéose du vice, châtiment de la vertu, persécution de la pudeur, immolation de la pensée, règne de l'égout, voilà dorénavant la devise de Paris, qu'il traduit par ces trois mots inventés par l'aberration humaine :

LIBERTÉ, ÉGALITÉ, FRATERNITÉ ! ! !

De même que les passions honteuses détruisent chez l'homme toute l'harmonie de l'organisation physique et morale, et en font une ruine avant d'en faire un cadavre, de même aussi les hommes dominés par ces passions doivent infailliblement tout détruire et amonceler les ruines autour d'eux, pour réduire la société à l'état de cadavre infect, dont ils deviennent les vers rongeurs. Dans ce but, ils absolvent ceux que la justice a condamnés : toutes les portes des prisons sont ouvertes pour se refermer bientôt sur des victimes, non-seulement innocentes, mais encore illustres dans le bien, et sur la porte du cachot, à la grille de la prison, au fronton de la maison d'arrêt qui retient le juste après avoir lâché le coupable, le burin aviné de la force brutale grave ces mots dérisoires : **Liberté, Égalité, Fraternité !!!** (1).

Dieu se dit un jour : Je vais faire l'homme à ma ressemblance ; il sera libre par sa pensée, et le bien n'aura point de limites pour lui ; son âme pourra s'élever par delà des espaces, et je lui montrerai ce qui est bon, je lui apprendrai la vérité, qui est une ; il comprendra la promesse de l'avenir, et son intelligence, dégagée de toute erreur, connaîtra la **Liberté**. Tout ce que j'ai créé me rend hommage et atteste que je suis la source et le principe de toute existence, que je suis la vie et la *Vérité*, et les hommes, se soumettant à *ma loi*, adorant leur créateur, auront droit à une égale part de mes largesses, et, dans le concert de louanges que je reçois et qui est l'harmonie du monde, ils seront égaux devant moi. Ce n'est que dans la *Vertu* qu'ils trouveront l'**Égalité**. Enfin ils s'aimeront les uns les autres pour l'amour de *Moi* ; je les nommerai mes enfants ; ils seront frères et je bénirai leur **Fraternité**. Mais, pour que cela s'accomplisse, je créerai une hiérarchie sociale, je leur donnerai des ministres et des chefs pris parmi eux, qui seront mes interprètes, les instruiront de mes volontés et en seront les instruments immédiats.

Mais un jour l'homme, ivre de lui-même, refuse l'obéissance au ministre, nie le pouvoir suprème qui lui reproche son crime et, ne pouvant étouffer le remords, décrète l'abolition de l'*Être suprême* !

Il veut anéantir la cause quand il ne peut amoindrir l'effet. Affolé de désespoir, il cherche à détruire tout ce qui peut lui rappeler qu'il est une justice qui le punira, lui coupable, et alors il expulse le prêtre du temple ; il l'enchaîne et le traîne au martyre. Sa rage le porte à souiller d'ordures

---

(1) Je voudrais que ces mots fussent gravés sur tous les murs de Belle-Isle et à l'entrée du port de Cayenne, afin de consoler nos *frères et amis*, peut-être que leur vue seule les réjouirait tellement, qu'ils ne voudraient plus quitter ce séjour enchanteur.

le lieu où l'eau régénératrice le purifia; il brise le vase sacré qui contenait les saintes espèces qu'il avait reçues avec tant de bonheur, le jour de sa première communion, ot ce sanctuaire où il prêta le serment le plus doux à celle qui devait faire la joie de son intérieur ne lui rappelle rien ! Que dis-je? ce serment, comme tout le reste, il l'a violé : il a décrété l'abolition du mariage ! Et là, devant la Vierge, cette douce réalité de l'idéal, qu'il ne craint pas d'affubler d'un ignoble manteau rouge, oui, aux pieds de cette *Vérité*, qui est la plus belle et la plus suave croyance de l'homme, de cette *Source limpide* qui rafraîchit l'âme la plus dévorée de la fièvre impure, il se vautre avec la femme immonde que vient de vomir le lupanar !.....

Pardon, Vierge Immaculée, ma plume se refuse à décrire de semblables ignominies, mais je vous ai vue couverte de ce manteau de dérision que Pilate mit sur les épaules de votre divin Fils ; oui, je vous ai vue, ô Mère de l'*Ecce Homo !* et le monde entier doit savoir combien est grand le crime de ces entrailles stériles, de ces créatures qui n'ont plus rien de la femme que le nom, afin que la honte, le mépris et la malédiction de tous les accompagnent à jamais ! Cependant, alors que des crimes aussi monstrueux s'accomplissaient, le burin hystérique de l'impiété gravait sur le marbre de l'église ces trois mots : **Liberté, Égalité, Fraternité** (1).

---

(1) Qu'il me soit permis de rapporter ici un fait qui s'est passé sous mes yeux et qui distrait un peu de ces scènes navrantes, comme un rayon de soleil au milieu de la tempête :

Un jeune officier traversait Paris à la tête de son détachement, au milieu duquel était un troupeau de communeux, qu'il menait à Versailles ; arrivé devant l'église de la Trinité, il commande halte ! et fait faire front, face à l'église ; alors, d'une voix où vibrait toute l'énergie de la foi, il fait porter les armes à ses hommes puis il ordonne à tous les prisonniers de se découvrir et de se mettre à genoux, pour rendre hommage à *Celui* qu'ils avaient outragé et demander pardon à *Celui* qu'ils avaient offensé. Tous obéirent, et les spectateurs eux-mêmes se découvrirent sous l'influence du respect pour un acte aussi juste et de l'admiration pour le noble caractère de ce jeune homme, qui portait déjà sur sa poitrine la récompense glorieuse de son courage.

Fidélité à sa foi comme à son drapeau, n'est-ce pas là du reste l'antique devise de notre brave armée?

Noyer le remords dans la licence est possible, se rouler dans la fange est facile, mais supprimer Dieu par décret est inutile, car il est ou n'est pas. Or, s'il est, comme il est essence ou esprit et non matière, principe éternel de vie et non mortel, auteur de la totalité et non œuvre, il ne peu-être supprimé ni par la matière, ni par l'être périssable, ni enfin par sa créature, car la dérivation non-seulement ne peut supprimer ou même corriger son principe, mais encore, par une loi immuable, elle le prouve et le corrobore ; ce qui, dans le cas présent, est le vrai. Mais, à supposer que Dieu ne soit pas, pourquoi donc alors le supprimer? Supprimer *rien* ne peut se faire, et le *néant* ne peut se nier ; aussi les libres-penseurs me paraissent bien inconséquents, car ils nient d'abord et suppriment ensuite. Du reste, la suppression (par décret) de l'Être suprême satisfait tellement peu ces persécuteurs de l'ordre, qu'ils s'attaquent à la hiérarchie sociale tout entière ; ils frappent impitoyablement tout ce qui est au-dessus d'eux, non-seulement pour tout ramener à leur niveau, mais encore pour s'élever au-dessus des autres et se mettre, eux si petits, au lieux et place de ce qui est véritablement grand. Voilà leur égalité ! abaissement du beau, exaltation de la boue! Aussi le burin du ruisseau grave sur la demeure des rois qui ont fait la France et en seront l'immortelle gloire ces mots destructeurs : **Liberté, Égalité, Fraternité**. Que ne les gravent-ils aussi sur l'épée de Charlemagne, sur l'échafaud de Louis XVI et de Marie Antoinette, sur le piédestal, de Louis XIV et sur le bronze de la colonne qu'ils ont renversée ! (1).

Tous les généraux passés, présents ou futurs (voire ceux de la Commune et Bergeret lui-même) ont donné, donnent et donneront des ordres ; tous ont commandé , commandent ou commanderont ; chacun a dit que, pendant notre malheureuse guerre de 1870 et 71, il n'y avait plus de discipline

---

(1) La Papauté, ce gouvernement *si rétrograde*, était moins *tyrannique* et plus spirituelle que la République française, puisqu'elle faisait mettre sur tous les monuments : S. P. Q. R, *Senatus Populus que Romanus*, ou en français, *le Peuple et le Sénat romain*.

dans l'armée, et que nos revers provenaient de ce relâchement de disciplino, suite d'un gouvernement qui, ramolli lui-même, n'employait que des ramollis (*sic*) ; toutes les casernes ont des salles de police où le supérieur *cloue* (terme technique) son inférieur pour la moindre infraction aux règlements ; à chaque moment, le quartier est consigné et personne ne peut sortir ; tout le monde dans l'armée est esclave de son devoir et doit obéir à son chef ; il n'est pas de chef qui n'ait un chef au-dessus de lui pour lui imposer sa volonté, et les lois sur les différents services sont chefs des plus grands chefs ; aussi je me demande si c'est pour les officiers ou les soldats que l'on a gravé sur la porte de chaque caserne cette devise absurde : **Liberté, Égalité, Fraternité.**

Que dire enfin de l'emploi de ces trois mots sublimement magiques et quel est leur sens quand je les vois écrits au-dessus de la porte d'un établissement où des malheureux privés de raison doivent traîner une vie qui est une mort anticipée ? Hélas ! en présence des événements qui viennent de s'accomplir, il semble que, dans ce sanguinaire intervertissement des rôles, c'est le burin de la folie qui a gravé cette devise sur la demeure de la raison et nous serions consolés si Bicêtre et Charenton seuls nous avaient donné ces énergumènes qui vocifèrent partout : **Liberté, Égalité, Fraternité.**

Liberté, Egalité, Fraternité. Voilà ce que je lis encore sur les hôpitaux, sur les ambulances et, pendant deux mois, les ambulances et les hôpitaux n'ont cessé de recevoir les victimes de l'ordre et ces scrofuleux moraux qui s'intitulaient les *véritables et sincères républicains.* Au nom de la liberté ces *frères et amis* se fusillaient. Le plus pur sang de la France coulait auprès de la fange et du pus sorti des veines de la Commune. La province sacrifiait ses enfants, ses laboureurs, pour rétablir l'ordre dans la ville qui lui corrompt ses fils et ses filles, qui bénéficie de ses sueurs et la reçoit avec un sourire impudique, quand son luxe et sa débauche rencontre sa naïve simplicité.

Liberté, Égalité, Fraternité. Tel est le cri poussé par

Paris à la chute de chacun de nos souverains et ce cri annonce à la France qu'elle est en République!!! Vite, armons-nous, battons-nous, hâtons-nous de jouir d'aujourd'hui car pour nous il n'y aura pas de demain! Mais insensés, s'écrie la province, occupez-vous donc de faire d'abord un gouvernement républicain! Un gouvernement? répond Paris, mais il est fait que voulez-vous de mieux? **Liberté, Égalité, Fraternité.** Mais alors, ô peuple souverain, fais une constitution, un code contenant des lois républicaines. — Une constitution, un code? Mais c'est fait : **Liberté, Egalité, Fraternité**!! Alors explique-nous, développe-nous le sens de ces trois mots magiques? Oh! c'est bien facile, ils signifient... **Liberté, Égalité, Fraternité**!!! — Oui, ou autrement dit après expérience faite, **Licence, Tyrannie, Vengeance**!!!

Eh bien! ô Paris, la province ne te répètera pas après l'illustre orateur qui nous gouverne, que les républicains n'ont jamais pu fonder en France la République, mais elle te dira que la République en France n'est autre chose qu'un *Protestantisme politique*, car, de même que le protestantisme est la négation de la vérité catholique, de même la République est, en France, la négation de la vérité politique ; de même que l'un est la libre interprétation de l'Évangile, de même l'autre est la libre interprétation de la loi. L'un assujettit à son esprit borné l'infini de la pensée divine, l'autre assujettit à l'esprit de parti la pensée qui présida aux actes de tout un passé glorieux. L'un abaisse la divinité en la soumettant à son intelligence et finit par vouloir s'élever au-dessus d'elle, l'autre abaisse la hiérarchie sociale en la soumettant à ses passions et veut s'élever au-dessus d'elle pour la dominer. De là naît la perturbation de la société, le désordre dans les institutions, en un mot, la révolution.

Protestantisme religieux ou protestantisme politique, l'un comme l'autre provient de l'orgueil de l'homme, qui n'est rien et se croit quelque chose, qui veut jouir sans avoir amassé, qui ne peut se dominer et veut dominer les autres, qui, incapable d'obéir, veut commander, qui, gêné par la loi, veut l'expliquer à sa manière et l'écarter au besoin, qui, enfin, veut faire graviter le monde entier autour d'un point fixe qui est son égoïsme, et faire converger toutes les jouissances vers ce même point.

Sans cesse on répète : les Parisiens sont républicains !

Mais de grâce, où sont les républicains de Paris? Combien y en a-t-il de Parisiens républicains qui puissent compter dans leur famille deux générations parisiennes. Celui qui peut le faire est ou dégénéré ou royaliste, car son bisaïeul est venu à Paris pour y servir la monarchie, la république n'étant pas inventée. Au reste, de quoi se compose une trop grande partie de la population de Paris, sinon de tous ceux que la province rejette de son sein? Un homme est-il criblé de dettes, a-t-il plusieurs fois fait faillite, s'est-il déshonoré d'une manière quelconque? Paris est le bois sacré, l'asile inviolable où il se cache à ses créanciers. A l'aide de titres empruntés, d'un faux nom, il mène une vie problématique et se livre à l'exploitation des niais, autre partie nombreuse de la population parisienne. Cet homme qui n'a plus ni famille ni patrie devient l'homme de la révolution, ses vices augmentés ont besoin d'un vaste théâtre et de se produire au grand jour : la barricade devient sa fin.

Lorsque la débauche a flétri le cœur et le visage de quelqu'une de nos jeunes filles, elle part pour Paris, et là, elle étale sa honte sur le boulevard. A vingt, ans elle était belle, elle aimait et savait pleurer, aujourd'hui son cœur n'existe plus, la passion s'est envolée avec tout le reste, elle affirme hautement qu'à Paris une femme ne saurait vivre du produit de son labeur, et, tandis que sa mère prie et travaille, elle demande au vice le soutien d'une existence qui se terminera en versant le pétrole incendiaire qui doit consumer les lieux où elle ne peut plus briller. N'a-t-on pas vu dernièrement ces enduits parfumés qu'on nomme cocottes, lorettes, grisettes, aller demander à ceux qui avaient brûlé la chaumière de leur père, outragé leur mère, à ces Allemands qui ont désolé notre pauvre France aller, dis-je, leur demander le prix de leur prostitution? Cependant Paris a rouvert ses portes à toutes ces pétroleuses de l'avenir, à ces femmes qui engendrent la *canification* de l'espèce humaine.

Tous ces jeunes gens que leurs familles trop confiantes envoient dans la grande ville pour y finir leurs études et y devenir des hommes, que font-ils? Ils y deviennent de *petits crevés!* Oh! oui, crevés avant d'avoir vécu, usés avant d'avoir servi, blasés avant d'avoir aimé, vicieux avant l'âge de la vertu. Ces raies derrière la tête, ces cols cassés, ces monocles, ces binocles, ces vestons courts, ces lames de couteaux habillées, ces hermaphrodites impuissants, en un mot, ces avortons du présent se préparent, dans la débauche, à devenir ?.... les hommes de l'avenir !

Paris est le centre de toutes les associations ténébreuses dites sociétés secrètes; la franc-maçonnerie y déploie sa bannière, *l'Internationale* y fait flotter son drapeau et toutes ces sociétés instituées et soudoyées par la jalousie de l'étranger tendent à abaisser la France en ruinant sa capitale, en démoralisant le peuple, en favorisant la paresse de l'ouvrier par les grèves, en supprimant la religion, en prostituant la famille.

Il est facile de prouver, en additionnant tous les vols commis par la Commune, soit au détriment de l'Etat soit à celui des particuliers, que les fonds en provenant ont été au moins d'un bon tiers inférieurs aux dépenses faites et soldées par elle. Il est donc certain que le Pactole de l'Internationale a déversé son trop-plein dans les poches de la Commune et a procuré les instructions données par M. de Bismarck sur l'usage du pétrole. Quant aux francs-maçons, on les a vus, revêtus de leurs *Suivez-moi, imbéciles,* venir sur le rempart sécher leur symbolique guenille au feu des batteries de l'armée française, et ce. sont ces êtres tatoués de signes et constellés d'emblèmes qui, dans leur langage imagé, nommaient la croix de la Légion d'honneur : *le chancre impérial.* Ce sont tous ces hommes travaillant à la réalisation d'un secret imaginaire qui se moquaient du brave général Trochu. Le secret de la franc-maçonnerie ressemble à cette farce d'un écolier criant à un autre : Qu'est-ce que c'est? pour que l'autre lui réponde : On ne sait pas ce que c'est; et ameuter ainsi toute une population, qui se demande alors : Qu'est-ce que c'est ?

Que l'ouvrier honnête le sache bien, toutes les sociétés secrètes dites philanthropiques ne sont que l'association du mal au vice, qui se couvre du manteau de la bienfaisance en parodiant grotesquement ce que la religion nomme *Charité*. Chaque société secrète est un arbre dont le tronc est un faisceau d'ambitieux, dont les racines sont nourries par le crime et arrosées par le sang, dont les feuilles et les fruits sont les canailles et les crapules qui y poussent en grappes.

N'y a-t-il donc à Paris que des banqueroutiers, des filles perdues, des mignons et des internationaux? Hélas! on a bien vu quelques timides pigeons fuyards voler à tire d'aile du côté de Versailles; mais ces hommes honnêtes sont bien peu nombreux dans Paris, puisqu'ils n'ont pas osé arrêter le mal alors qu'il était à son début. S'ils sont nombreux, je commence à comprendre que la guerre à outrance qu'ils réclamaient n'était pas prudente; car les insurgés leur ayant donné la colique, les Prussiens leur auraient donné le choléra. Mais non, pour l'honneur de la France, il vaut mieux croire à leur petit nombre, et alors la province se demande où sont dans Paris les républicains honnêtes? Combien sont-ils, où est leur force et avec quels instruments soutiendront-ils et défendront-ils contre *les purs et sincères républicains* la république honnête? Quelles garanties de l'avenir peut donner le passé?.....

Paris maintenant connaît l'armée, peut-il compter sur elle pour l'aider? Sur elle qui est composée de provinciaux; car demandez aux officiers quels soldats sont ceux que l'on nomme dans les régiments les Parisiens? Dites-nous, ô Parisiens républicains, combien vous étiez parmi ceux qui, au prix de leur vie, sont venus vous rendre votre femme, vos enfants, votre foyer? Combien de familles avez-vous mises dans la douleur pour vous rendre un peu de calme! Combien de sang versé pour rétablir l'ordre que vous avez été impuissants à maintenir faute de volonté, faute de courage? Et maintenant que vous appartenez à la province par droit de conquête, elle se laisserait mener par vous? elle croirait à vos utopies? Non, soyez-en bien convaincus, l'armée est fatiguée de vous et la province vous a jugés à votre juste valeur.

Oui, Paris, tu nous as montré ta faiblesse ; toi, ville des lumières, tu nous as montré ton ignorance et ton obscurité ; un air fétide s'est exhalé de toi. S'il te reste un débris de monument, tu le dois aux hommes généreux de la province qui sont venus pour éteindre l'incendie que tu avais allumé. Si tu existes encore, c'est à notre armée que tu le dois. Sans la province, dans quelques années, un pâtre, détournant les branches d'un buisson, aurait montré à l'étranger une pierre avec cette inscription : *Ici était Paris.*

Nous avons vu tes vices ; tes femmes — types ont débordé jusque chez nous ; elles ont fait peur à nos filles, et nos campagnardes leur ont fait les cornes. Nous avons mis tes petits crevés dans nos poches pour leurs faire visiter nos montagnes. Nous avons rangé et resserré tes communeux, qui te faisaient si peur avec leurs grandes barbes et leur gros yeux. Ton esprit goailleur s'est heurté à notre gros bon sens, ta philosophie s'est cassé le cou sur les marches de notre église et ta république modèle rappelle à nos enfants, qui tous, savent l'histoire : le roi-martyr, la Conciergerie, le Temple, le massacre des prêtres, des orateurs, des poëtes, des historiens, en un mot, l'assassinat du génie et de la vertu.

Crois-tu que la Providence n'appesantit pas son bras sur toi comme sur la Babylone moderne ! Est-il injuste que le palais d'où tu as chassé tes rois soit brûlé ? Le feu, qui purifie tout, ne devait-il pas assainir ces Tuileries où depuis vingt ans, le musque et le patchouli des Messalines emplissait l'air de miasmes impurs et de cette odeur que la basse flatterie laisse après elle ?

Si une pluie de soufre et de feu détruisit Sodome, le Palais-Royal n'était-il pas voué à l'incendie ! Et cependant le feu qui dévora tes palais effaça la trace des larmes de Marie-Antoinette et de deux enfants-martyrs, mais laissa debout comme un remords les pierres qui redisent aux générations ton crime ! La tour de la Conciergerie est là !

Il t'a été donné de piller, de voler, de brûler, de détruire, de profaner, mais quand ta main sacrilège s'est posée sur la chapelle expiatoire une puissance que rien ne peut braver t'a dit : arrête ! tu n'iras pas plus loin. Tu renversas le piédestal d'un grand général, qui, par son audace, étonna le monde et sembla devoir le dominer; tu brisas le bronze teint du sang des glorieux enfants de la France, mais quand la flamme dévorante se tordait au faîte du Palais-de-Justice, elle forma comme une voûte au-dessus de la Sainte-Chapelle et respecta la demeure ou reposaint les cendres de nos rois. Enfin, crois-tu que le sang des Affre, des Sibour, des Darbois et de mille autres victimes innocentes n'a pas crié vengeance ?...

Oui, Paris, tu es en deuil ! et tu dois être en deuil encore longtemps; jusqu'à ce que, écoutant la parole du prophète qui te crie, comme Jérémie à Jérusalem, *convertere ad Dominum Deum tuum,* tu changes ta devise de : **Liberté, Égalité, Fraternité,** contre ces trois mots :

PRIÈRE, TRAVAIL, CHARITÉ.

Vte RENÉ DE BRUNET.

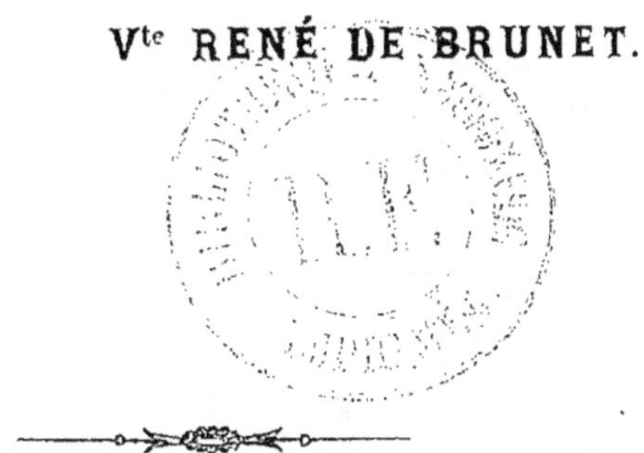

Paris. — Imp. de DUBUISSON et Cᵉ, rue Coq-Héron, 5.